PROSPECTUS.

ÉMIGRATION ICARIENNE.

CONDITIONS D'ADMISSION.

RAPPORT DE LA GÉRANCE
A L'ASSEMBLÉE GÉNÉRALE.

CABET AUX ICARIENS.

Prix : 40 cent. — Par la Poste, 50 cent.

PARIS,

CHEZ L'AUTEUR, 3, RUE BAILLET

ET CHEZ TOUS LES LIBRAIRES.

Octobre 1852.

PROSPECTUS.

ÉMIGRATION ICARIENNE.

Loi sur l'Admission, la Retraite, l'Exclusion.

SECT. 1re — ADMISSION.

Art. 1er. — L'admission dans la Communauté Icarienne sera d'abord *provisoire*, puis *définitive*.

2. — L'une et l'autre seront prononcées à Nauvoo, par l'Assemblée générale, sur le rapport et la proproposition de la Gérance.

§ 1. — ADMISSION PROVISOIRE.

3. — La Gérance vérifiera si le demandeur remplit réellement toutes les conditions exigées par la loi.

4. — Elle examinera toutes les *pièces* qui doivent être produites.

5. — Elle vérifiera particulièrement la santé, le trousseau, l'inventaire, les outils et l'apport.

6. — Elle consultera la biographie du demandeur, les certificats, attestations, lettres, etc., qui peuvent le faire connaître, le rapport sur le voyage depuis la France jusqu'à Nauvoo.

7. — Elle interrogera le demandeur sur chacune des conditions d'admission, sur les principes Icariens, sur ses opinions sociales, politiques, religieuses, sur ses droits et ses devoirs, pour s'assurer qu'il connaît bien la doctrine Icarienne et les écrits qui l'exposent, qu'il adopte complètement cette doctrine et qu'il a les qualités nécessaires pour la pratiquer.

8. — Elle ouvrira une *enquête* et ne négligera aucun moyen d'éclairer l'Assemblée générale. La demande en admission sera affichée pendant huit jours. Chacun pourra former opposition ou faire ses observations. L'admission ne pourra avoir lieu qu'après ces huit jours.

9. — L'Assemblée générale pourra répéter l'interrogatoire.

10. — La présence des neuf dixièmes des membres de l'Assemblée générale qui se trouveront sur les lieux et la majorité des trois quarts des votans seront nécessaires pour l'admission.

11. — L'admission provisoire sera consignée sur un registre particulier, sur lequel seront inscrits : 1º Les noms, prénoms, etc., de l'admis; 2º le vote pour l'admission; 3º l'apport en argent et en nature avec une estimation contradictoire; 4º le trousseau et les outils avec leur valeur estimative.

12. — Ces différentes reconnaissances et estimations seront signées par l'admis.

13. — L'admis provisoirement versera son apport, ses outils et tout ce qu'il aura, en ne conservant que son trousseau légal. Ce versement sera constaté sur le registre.

14. — S'il n'est pas admis définitivement, il reprendra son apport en nature et les quatre cinquièmes de son apport en argent, pourvu qu'il parte pacifiquement et fraternellement.

15. — Il ne pourra rien réclamer pour son travail, qui sera compensé avec sa dépense pour logement, nourriture, etc.

16. — Pendant les quatre mois de noviciat, l'admis provisoirement pourra se retirer, en prévenant huit jours d'avance.

17. — L'Assemblée générale pourra aussi l'inviter à se retirer.

§ 2. — ADMISSION DÉFINITIVE.

18. — Après quatre mois d'épreuve, le demandeur pourra être admis définitivement.

19. — La Gérance pourra de nouveau interroger, examiner, faire une enquête.

20 — L'admission définitive aura lieu de la même manière que l'admission provisoire.

21. — A l'instant tout l'apport de l'admis, tant en nature qu'en argent, devient la propriété de la Communauté.

22. — L'admis conserve son trousseau légal tant que la Communauté ne remplacera pas tous les anciens trousseaux par un nouveau trousseau légal.

23. — Tous ses autres objets, linge, vêtemens, outils, instrumens, livres, bijoux, armes, etc., seront démarqués, marqués au signe de la communauté et confondus dans la masse commune.

Sect. II. — *Retraite.*

24. — Si la vie commune lui devient impossible, l'associé pourra se retirer en prenant toutes les précautions pour que sa retraite ne soit pas préjudiciable à la Communauté.

25. — Cette retraite ne pourra s'effectuer qu'aux conditions suivantes : 1º Il faudra prévenir par écrit. L'avertissement sera enregistré. La retraite aura lieu dans le délai qui sera fixé par l'Assemblée générale, lequel délai ne pourra excéder trois mois ; 2º la retraite devra avoir lieu sans aucune hostilité.

26. — Celui qui se retirera en remplissant ces conditions recevra : 1º Son trousseau tel qu'il se trouvera à cette époque ; 2º sa literie telle qu'elle se trouvera ; 3º ses outils reconnus indispensables pour lui lors de son admission définitive ; 4º la moitié de son apport en argent et en nature, ou sa valeur suivant l'estimation faite et consentie lors de l'admission définitive.

27. — Cette moitié lui sera payée savoir : vingt dollars en argent ; et le reste en argent ou en billets, sans intérêts en un ou plusieurs paiemens dans les délais qui seront fixés par l'Assemblée générale, lesquels délais n'excèderont pas cinq ans.

28. — Celui dont l'apport aura été fait ou complété par un autre associé ne pourra réclamer la moitié de ce qu'il aura personnellement apporté.

29. — Personne ne pourra emporter ni le bois de lit, ni la chaise, ni la table, ni aucun autre meuble qui lui aura été fourni par la Communauté.

30. — Les malles et caisses seront visitées lors du départ de l'admis provisoirement ou définitivement.

Sect. III. — *Exclusion.*

31. Si le partant ou tout autre associé qui ne demande pas à partir viole ses engagemens, s'il méconnaît l'autorité de l'Assemblée générale ou de la Gérance, les lois et réglemens, s'il trouble la Communauté, il pourra être *exclu* par décision de l'Assemblée générale.

32. Cette exclusion ne pourra être prononcée que par une Assemblée générale comprenant les neuf dixièmes des membres qui se trouveront sur les lieux et la majorité des trois quarts des votans.

33. Le vote pour les admissions ou pour les exclusions sera public.

34. — Les articles 26, 27, 28, 29, 30 seront applicables à l'exclu.

Fait à Nauvoo (Illinois), le 5 avril 1850.

Cette loi, présentée le 22 mars 1850 a été discutée dans les séances des 23, 25, 26, 28 et 30 mars, 3 et 5 avril 1850, a été votée le 5 avril, sur l'appel nominal, à la majorité de 83 voix contre 3.

Le président de la Communauté,

Cabet.

Conditions d'Admission.

Les principes, le but et les moyens de la Colonie Icarienne étant différens de ceux des autres sociétés, des autres émigrations, des autres colonies et des autres communautés, les *conditions d'admission* doivent nécessairement être différentes.

Tous ceux à qui ces conditions ne conviendraient pas sont parfaitement libres de les repousser et de ne pas venir : ceux-là seuls peuvent en conscience se joindre à nous, qui adoptent sans aucune répugnance toutes les conditions Icariennes. Voici ces conditions; il faut :

1° Bien connaître les écrits Icariens.

Il est indispensable d'approuver le système Icarien, par conséquent, de le bien connaître ; par conséquent de connaître tous les écrits qui l'exposent, notamment le *Voyage en Icarie*, — *Comment je suis Communiste*, — *Mon Credo communiste*, — *Les 12 Lettres sur la Communauté*, — *Le Vrai Christianisme*, — *Colonie ou République Icarienne*.

Chaque famille doit avoir un exemplaire de ces ouvrages et du présent écrit.

Personne ne doit demander son admission dans la Société Icarienne, s'il ne connaît pas ce système et ces écrits : avant tout, il faut les acquérir et les étudier.

2° Savoir lire, écrire et signer.

Pour bien satisfaire à la première condition, il est nécessaire de pouvoir lire, relire et étudier les écrits Icariens. Il est nécessaire aussi de pouvoir lire, même écrire et signer des demandes, des actes, des engagemens. Ne pas savoir le faire, pourrait avoir de graves inconvéniens. D'ailleurs, celui qui ne sait pas peut apprendre avant de se présenter ; et, s'il désire ardemment, il saura bientôt.

Cependant, si quelque ouvrier, de la campagne surtout, connaissait le système Icarien et ses principes d'après des explications verbales faites par un ami, s'il avait bien toutes les qualités d'u ʊIcarien , et s'il pouvait être un membre très utile , la circonstance qu'il ne saurait ni lire ni écrire , pourrait n'être pas un obstacle à son admission , surtout à son admission provisoire.

3º adopter complètement le système Icarien.

L'Emigration ou la Colonie Icarienne a un but spécial, celui de prouver , en la réalisant , que la Communauté Icarienne est possible. Par conséquent , il est absolument nécessaire d'adopter complètement avec une entière conviction, sans aucune hésitation et sans aucune répugnance, le système Icarien , sa doctrine et ses principes. En un mot , pour être admis à fonder Icarie , il faut être vraiment Icarien.

Chacun est parfaitement libre de ne pas adopter les principes et les conditions de la Communauté sans qu'il en soit moins estimable ; mais alors, il ne faut pas se présenter comme Icarien ; c'est une affaire de probité.

Celui qui se ferait admettre en trompant à cet égard , commettrait une espèce de trahison et s'exposerait à être malheureux tout en troublant ou compromettant la Colonie ou la Communauté.

4º Agir par *dévoûment* à la Communauté Icarienne, dans l'intérêt du Peuple et de l'Humanité tout entière: en se considérant comme un *soldat de l'Humanité.*

Sans doute , il n'est pas mal pour un Icarien de désirer faire partie de la Communauté Icarienne dans son intérêt personnel raisonnable et bien entendu , surtout dans celui de sa femme et de ses enfans ; mais , pour atteindre son but, en coopérant à la prospérité de la Communauté, il est nécessaire, avant tout, qu'il se *dévoue*; qu'il prenne l'engagement de se *dévouer*; qu'il se considère comme soldat de l'Humanité , décidé à remplir tous les devoirs d'un soldat, toujours prêt à supporter les privations , les fatigues et les périls, toujours soumis à la discipline et toujours fidèle a son drapeau.

5º Se dévouer spécialement à la cause des *femmes* et des *enfans*..

L'un des buts principaux du système Icarien , c'est de rendre à la femme et à l'enfant tous leurs droits et de tout faire pour assurer leur bonheur. L'un des premiers devoirs des Icariens , c'est de protéger les femmes , de les respecter, de ne rien négliger pour les rendre heureuses.

6º Adopter le principe de l'*Egalité* en tout , sans aucun privilége pour personne.

L'Egalité non absolue mais relative ; l'Egalité des charges *suivant la force*, et des jouissances *suivant les besoins* ; l'Egalité en tout , dans la nourriture, dans le logement, dans lé vêtement ; spécialement l'Egalité dans les trousseaux , afin d'éviter une des sources les plus abondantes de jalousies, de querelles et de troubles.

Les trousseaux, avec leur inégalité, ont été l'une des principales causes de toutes les discussions entre femmes, de toutes les divisions et de toutes les difficultés pour l'administration. Aussitôt que la chose sera possible, la Communauté fournira le même trousseau à tous les hommes, le même à toutes les femmes, le même tous à les enfans, et s'emparera de tous les anciens trousseaux, dont elle disposera pour le mieux dans l'intérêt général.

7º Adopter le principe de la *Fraternité*.

L'accepter avec toutes ses conséquences ; adopter ses associés pour Frères et Sœurs ; prendre l'engagement de les aider, de les défendre, de les aimer, d'être indulgent et tolérant, de réprimer tout mouvement de colère et tout ressentiment, et de pratiquer en tout ce précepte : *Fais aux autres ce que tu voudrais qu'ils te fissent.*

8º S'engager à s'abstenir soigneusement de toutes *injures*, de toutes *médisances* et de toutes *calomnies*.

C'est une condition essentielle ; car les querelles, les paroles blessantes, les reproches et les accusations pourraient troubler et compromettre la Colonie. — Avant l'admission, chacun peut et doit même communiquer tout ce qui peut empêcher cette admission ; mais, après l'admission discutée et votée, tout reproche sur la conduite antérieure n'aurait que des inconvéniens.

9º Adopter le principe de la vraie *Liberté*.

Prendre l'engagement de respecter la liberté des autres, de pratiquer cette maxime : *Ne fais pas à autrui ce que tu ne voudrais pas qu'il te fît*, de se soumettre à la décision de la majorité, précédée d'une discussion libre et régulière.

10º Adopter le principe de la *Communauté*, en renonçant à toute *propriété individuelle*.

C'est le point fondamental de la doctrine Icarienne, point de propriété individuelle. Un Icarien ne peut être propriétaire de rien, ni de son logement, ni de ses vêtemens, ni de ses outils, ni de ses armes, etc.; il a l'*usage* ou la *jouissance* des objets que la Communauté lui confie, mais il n'en a pas la propriété; cette propriété *ne peut appartenir qu'à la Communauté* entre les mains de qui elle est une propriété indivise, sociale et commune. — Dans les premières années, et jusqu'à ce que la Communauté soit complètement fondée, organisée, développée, tous les livres doivent être dans la bibliothèque commune, tous les instrumens dans les cabinets de physique et de chimie, tous les outils dans les ateliers ou le magasin, toutes les armes, etc., dans l'arsenal ou le dépôt social.

11º Adopter le principe de l'*Unité*.

S'engager à faire tous ses efforts pour que la Communauté ne fasse qu'un corps, une famille, n'ayant qu'un cœur, qu'une âme, qu'un esprit.

12º Apporter ou céder à la *Communauté tous ses biens* quelconques.

Son argent, ses meubles, ses immeubles, ses créances, etc., etc., même son trousseau, ses bijoux, ses outils, ses armes, ses livres, etc., en un mot tous ses biens présens et à venir, même les donations et les successions futures. Parce que dans la Communauté, personne ne peut être plus riche qu'un autre, ni avoir de propriété personnelle, parce que personne ne peut être mieux traité que ses Frères.

13° Ne rien *cacher* ni *retenir.*

Celui qui cacherait ou conserverait une partie de sa fortune serait plus riche que les autres qui auraient tout donné. Il serait moins dévoué, moins constant, moins fidèle, plus disposé à quitter pour un rien; et plus capable d'en entraîner d'autres avec lui.

Si l'on n'approuve pas cette condition de tout apporter, on est parfaitement libre de la repousser; mais alors il ne faut pas venir déclarer qu'on apporte tout quand on conserve quelque chose, ce serait mentir, tromper, violer les principes, n'être pas Icarien, commettre même une espèce de vol; ce serait, par ses conséquences, une faute infiniment grave!

14° Apporter au moins 400 francs ou 80 dollards, indépendamment d'un bon trousseau complet et suffisant pour deux ans.

C'est surtout dans l'intérêt des pauvres que la Communanté à été imaginée et sera établie; par conséquent il est infiniment désirable qu'on puisse admettre ceux qui ne possèdent rien qu'une nombreuse famille, des qualités et des talens. Probablement, sans doute même, on le pourra quelque jour quand la Communauté sera fondée par le dévoûment de ceux qui auront apporté quelque fortune pour commencer : mais aujourd'hui et pendant quelque temps encore, un minimum d'apport est absolument nécessaire pour subvenir aux immenses dépenses de l'entreprise à son début. — La femme remettra le minimum d'apport comme le mari; chaque enfant au-déssous de sept ans pourra ne payer que 200 francs ou 40 dollards.

— Chaque partant paiera les frais de son voyage, depuis la France jusqu'à Nauvoo. — Les actions et coupons du *Populaire* pris en 1850, et postérieurement, ne seront pas imputables sur le minimum d'apport. — Personne ne peut partir avec l'excédant d'apport versé par un autre sans une autorisation spéciale reçue de Nauvoo avant le départ. — En arrivant à Nauvoo, chacun devra remettre un *inventaire* détaillé contenant son trousseau et son apport. — Cet inventaire sera vérifié.

Celui qui se présenterait sans le minimum d'apport et sans le trousseau, commettrait une faute bien grave et s'exposerait à être *refusé*. Ce ne serait pas être Icarien, mais égoïste, puisque l'on compromettrait la Communauté. Ce ne serait pas même être raisonnable, puisqu'on se trouverait dans une Communauté compromise.

15º Exercer une *industrie utile* ou pouvoir être employé à un travail utile quelconque.

Dans la Communauté, tout le monde doit travailler, et travailler également, chacun suivant ses forces.

16º S'engager à *travailler à la terre*, s'il est nécessaire.

La culture ou le travail de la terre peut être la première nécessité dans le commencement de la Colonie ; il faut que tous les colons puissent y être employés.

17º S'engager à travailler dans les *ateliers*.

Dans la Communauté, tout le travail s'exécute, non dans les logemens particuliers, mais en commun et dans des grands ateliers fixes ou mobiles.

18º Donner à la Communauté toute son industrie, toute sa capacité, tout son temps.

Personne ne peut travailler ni pour soi ni pour sa famille ou ses amis. Cela n'est pas nécessaire, puisque la Communauté fait travailler pour tous et pour chacun, et cela pourrait faire négliger le travail commun, même exciter des jalousies et des disputes. Avant tout il faut travailler en appliquant toujours ce principe : *Chacun pour tous, tous pour chacun.*

19. Etre *laborieux.*

Chacun a plus ou moins d'aptitude, de facilité, de goût pour le travail et même d'habitude ; mais, comme le travail est la vie d'une Colonie naissante, comme elle renferme nécessairement beaucoup de membres remarquables par leur ardeur au travail, leur zèle et leur dévoûment, celui qui travaillerait peu se trouverait naturellement exposé à des jalousies, à des critiques, à des accusations de fainéantise et de paresse, qui, quoique exagérées, n'en porteraient pas moins quelque trouble dans la Société, que celui qui n'aurait ni l'habitude ni la facilité du travail s'abstienne donc de demander son admission.

20° Etre *vigoureux.*

Tout ce qui vient d'être dit sur le numéro précédent s'applique à celui-ci. D'ailleurs, les voyages sur mer et sur terre avec toutes leurs privations et leurs gênes, sont très pénibles, surtout par les gros temps ou les mauvais chemins, et exigent de la vigueur, comme les premiers travaux de défrichement et de construction pour une Colonie. Celui qui se présenterait sans avoir la force et la vigueur nécessaires, compromettrait à la fois lui-même et la Colonie.

21° N'être pas trop âgé.

Quand Icarie sera bien fondée et développée dans toute sa perfection, loin d'entendre aucune observation défavorable aux vieillards, on n'entendra que des témoignages d'égards, de respect et de reconnaissance envers eux ; mais au début, dans le commencement, s'il n'y avait que des vieillards ou s'ils étaient trop nombreux, la Colonie pourrait périr avec eux ; car généralement, ils sont infirmes, sans force et sans activité, et surtout exposés à devenir chaque jour malades ou infirmes, ou impropres au travail, cas auquel ils deviennent une charge d'autant plus lourde que la Communauté s'attache plus à les ménager et à les soigner. Néanmoins, l'intérèt général peut autoriser quelques rares exceptions. Mais ce serait une grande imprudence, pour un vieillard, de se mettre en route pour la Colonie, sans avoir auparavant reçu de Nauvoo l'autorisation d'y venir.

N'avoir ni *maladie* contagieuse, ni maladie incurable ou grave, ni infirmité qui puisse rendre impropre au travail.

D'abord, les malades ou les infirmes sont impropres au travail et manquent à l'atelier. Il faut des infirmeries, des cuisines spéciales, une pharmacie, des remèdes plus ou moins dispendieux, des médecins, infirmiers, gardes-malades, etc. Une partie des valides se trouve absorbée et annulée par le service des malades. Les décès plus fréquens produisent toujours un effet plus ou moins fâcheux. Toutes les combinaisons de travail et d'ateliers, de repas et de dépenses, se trouvent renversées. Les inconvéniens sont énormes et innombrables, sans compter celui de ne pouvoir améliorer rapidement les générations Icariennes, l'un des principaux buts de la Communauté. Ces inconvéniens ont même été un danger pour le commencement de notre entreprise en 1848 et 1849, lorsque des hommes jeunes et vigoureux ont déserté leur poste en nous laissant un nombre disproportionné de vieillards, de femmes, d'enfans et de malades.

Nous ne demandons pas de certificat : c'est une question d'honneur.

23° Etre *tempérant, frugal, simple.*

Un jour Icarie donnera du bien-être, l'utile et l'agréable, sans autre limite que la raison, les prescriptions de l'hygiène et la nécessité de maintenir l'égalité sans aucun privilége, suivant ce principe *pour tous ou pour personne* ; mais dans le commencement, pendant l'époque de fondation, il faut appliquer la règle Icarienne : *d'abord le nécessaire, puis l'utile, enfin l'agréable.* Par conséquent, il faut d'abord de la tempérance, de la frugalité, de la simplicité en tout, dans la nourriture, dans le vêtement, dans le logement et l'ameublement, comme il convient à un soldat de l'Humanité, à un serviteur dévoué de la Communauté. Celui qui serait gourmand, viveur, jouisseur, ne serait qu'un esclave de ses sens, incapable et indigne d'être un des Fondateurs de la Communauté. Sans pouvoir être heureux lui-même dans une Colonie naissante, il y porterait le trouble avec ses exigences et ses regrets.

24° Point de *tabac.*

Le tabac est généralement inutile, souvent nuisible, malpropre, désagréable à ceux qui n'en ont pas l'habitude, assujetissant, dispendieux et souvent dangereux. Il crée quelquefois un besoin tellement impérieux, qu'on a vu des hommes se donner la mort pour se délivrer du supplice de n'avoir pas de tabac. Et c'est un grand embarras de se procurer du tabac quand on est en voyage ou dans le désert. Et c'est une dépense regrettable quand on est dans la nécessité d'économiser pour la Colonie ou pour des Frères qui demandent à être aidés pour venir. Et c'est dégoûtant, par exemple, dans un cuisinier, ce qui peut empêcher (comme il nous est arrivé) d'employer un cuisinier dont on aurait besoin. Et c'est dangereux, car plus d'une fois la pipe a causé des incendies. Nous en avons malheureusement l'expérience; car l'un de nos charretiers a mis le feu, avec sa pipe, dans un bâtiment qui a été consumé par les flammes avec tout ce qu'il renfermait, ce qui nous a causé une grande perte, et ce qui pouvait brûler toute la Communauté, personnes et choses ! Et, cependant, l'habitude du tabac devient une passion si dominante, que le même charretier, malgré cette terrible leçon, à recommencé à fumer dans une autre écurie, tandis que, en violation des réglemens positifs, d'autres fument dans le réfectoire commun ou dans un dortoir commun, d'autres dans leurs chambres, et quelques-uns mêmes dans leurs lits. au risque de tout incendier !

Lorsque Icarie sera grande et forte, elle fera ce qu'elle jugera convenable à cet égard. Il est probable, néanmoins, qu'elle n'admettra pas le tabac, si ce n'est par exception, comme médicament ou remède, par ordonnance du médecin : elle aura assez d'autres jouissances plus propres et moins individuelles !

Mais aujourd'hui, l'interdiction du tabac nous paraît une nécessité ; et certainement, nous n'en donnerons pas l'habitude à nos enfans.

Que celui qui a l'habitude du tabac ne parte donc pas pour la Colonie Icarienne, à moins qu'il ne se sente la force de déposer cette habitude pendant le voyage.

En arrivant, il prendra l'engagement de ne jamais fumer dans aucun bâtiment, ni même ailleurs, comme de ne pas priser.

Cependant, comme il est des hommes très utiles qui peuvent avoir cette habitude dont ils ne croiraient pas pouvoir se débarrasser brusquement, elle ne serait pas un obstacle insurmontable ; mais il faudrait prendre l'engagement de faire tous ses efforts pour chasser l'habitude le plus promptement possible.

25°. — Pas de *liqueurs fortes.*

C'est à peu près la même chose que pour le tabac. — C'est inutile, dispendieux, généralement nuisible et dangereux. Quelques ouvriers ont prétendu qu'ils ne pouvaient pas travailler sans prendre du wiskey une et même plusieurs fois par jour, et les réclamations au sujet du wiskey ont causé des embarras pour l'administration de la Colonie. Cependant le véritable Icarien ne peut-il pas se passer de wiskey, comme tous les Icariens ont perdu l'habitude du vin, comme celle du café et du thé à leurs repas.

Cependant, si quelque liqueur paraît nécessaire avant le travail, la Communauté la distribue.

26°. — N'avoir ni *prédilection* ni *répugnance* pour certains alimens.

Dire, par exemple : *Je ne puis déjeûner sans café au lait* ou *je ne puis pas manger de lard, il me faut autre chose*, ce n'est pas un crime assurément ; mais quand il s'agit de fonder une Colonie dans le désert, c'est un embarras, une dépense, un inconvénient, et au lieu d'émigrer, on fera mieux de rester où on sera.

27°. — Être habitué ou résigné aux gênes et aux inconvéniens de la *vie sociale* ou *commune*.

Quand Icarie sera dans sa force et dans sa puissance, ses ateliers communs et ses machines, ses cuisines et ses tables communes, ses bibliothèques communes, etc., seront bien autre chose que les bibliothèques, les tables, les cuisines, les ateliers de chacun dans l'individualisme ; et quand la Communauté fournira à tous ses Travailleurs des logemens séparés, propres et commodes, avec tous les meubles nécessaires, la vie sociale ou commune n'aura presque que des avantages sans inconvéniens et sera infiniment plus heureuse que la vie individuelle. Mais aujourd'hui, qu'il faut voyager en masse, entassés dans un navire sur mer ou sur un fleuve, quand il s'agit de loger, coucher, manger, travailler, dans une espèce de confusion et de pêle-mêle, on est nécessairement gêné, incommodé, privé d'une partie de sa liberté, et là des mécontentemens, des querelles, des divisions qui troublent et menacent la Société dans son existence : les premières expéditions Icariennes n'en ont fourni que trop de preuves, car ce sont peut-être les querelles nées de la gêne pendant les voyages qui ont le plus contribué aux premières divisions et aux premiers désordres. — Cependant les voyages, la confusion, la gêne, sont inévitables pendant la *période de fondation* : il faut donc nécessairement s'habituer d'avance ou se résigner, en soldat courageux et dévoué, à toutes les gênes de la vie commune, et si l'on ne s'en sent pas la force, il faut rester, pour ne pas compromettre l'expérience de la Communauté.

28°. — *Ne disposer de rien* de ce qui appartient à la Communauté.

Chacun est co-propriétaire de tout ce qui appartient à la Communauté, et rien n'appartient exclusivement à personne. *Tout à tous, rien à personne.* Par conséquent, la Société ou l'autorité qui la représente a seule le droit de disposer d'une chose quelconque ; par conséquent, personne ne peut disposer de rien par sa seule volonté, dans son intérêt personnel ou dans celui d'un autre ; en disposer arbitrairement serait commettre une espèce de vol et surtout du désordre. Que chacun réfléchisse bien à cet engagement.

29° — Pas d'*envie ou jalousie.*

L'une des principales causes des difficultés survenues dans la Colonie depuis le premier départ, c'est l'envie et la jalousie, vice essentiellement contraire à la Fraternité. Sondez-vous donc ; et si vous vous sentez quelque penchant à l'envie, ne venez pas !

30° — Eviter d'*exciter l'envie.*

Mais celui qui voudrait des priviléges, qui tirerait vanité de quelques avantages, et qui prendrait plaisir à blesser les autres en excitant chez eux l'envie et la jalousie, serait encore plus indigne du titre d'Icarien : qu'il ne vienne pas en Icarie ; car il n'y trouverait ni l'estime, ni le bonheur.

31° Etre habitué à la *propreté.*

Quand on vit dans l'individualisme, si l'on est seul, on peut être malpropre sans offusquer personne. Et encore la malpropreté, qui peut compromettre la santé, n'est convenable ni pour un homme raisonnable et réfléchi, qui a le sentiment de la dignité humaine, ni surtout pour un Icarien, qui veut travailler à l'amélioration et au perfectionnement de l'Humanité ; mais dans la vie sociale ou commune, et surtout dans la vie fraternelle, la propreté en tout, sur le corps et dans le vêtement, dans le logement et l'ameublement, dans la cuisine et l'infirmerie, dans le travail et dans l'atelier, à table et dans les réunions, est un devoir rigoureux de fraternité envers les Frères, que la vûe de la malpropreté pourrait contrarier et blesser... La malpropreté pourrait même devenir en même temps un danger pour la santé générale et une cause de querelle et de divisions dans la Colonie.

32° Observer la *décence* partout, dans les actes et dans les paroles.

C'est un des premiers devoirs de la vie sociale et commune. — L'obcénité est tout à fait inutile et plus digne de la brute que de l'homme. — Sans doute la décence et la pudeur seront un des objets principaux de l'éducation Icarienne pour les jeunes garçons comme pour les jeunes filles, et par conséquent les hommes et les femmes doivent éviter soigneusement tout ce qui pourrait être un mauvais exemple et une mauvaise leçon pour les enfans. — Sans doute aussi les Icariens, qui prennent l'engagement de se dévouer pour la cause des femmes (n° 5), ne peuvent vouloir leur manquer de respect et les outrager en leur faisant entendre des paroles qu'elles ne pourraient entendre sans rougir. Par conséquent, c'est un devoir pour les Icariens de respecter en tout la décence et la pudeur, qui sont un des plus beaux ornemens des femmes et et l'un des moyens les plus efficaces pour assurer leur bonheur commun.

33° Être *soigneux, économe.*

Réfléchir à tout ce qu'on fait pour ne rien briser, rien détruire : être soigneux pour ne rien laisser perdre, économe pour ne rien dépenser sans nécessité, c'est un devoir envers soi-même pour un homme raisonnable, lors même qu'il est dans l'individualisme ; mais pour un Icarien, dans l'intérêt de la Communauté, c'est un devoir bien autrement impérieux, puisque l'Icarien promet dévoûment à la Communauté (n° 4). Tout ce qu'on perd ou qu'on laisse perdre, ou qu'on dépense sans nécessité est une espèce de vol fait aux Icariens que la misère empêche de partir et qu'on pourrait faire venir avec du soin et de l'économie ; et si quelque membre de la Colonie pouvait dire : « Je n'ai pas besoin de soigner et d'économiser, parce que c'est la Communauté qui paiera, » il violerait à la fois tous les principes et tous les engagemens.

34° Ni *chasse* ni *pêche* comme plaisir.

Comme moyen de fournir à l'alimentation, la chasse et la pêche peuvent être utiles et considérées comme un travail, et une fonction, et alors il faut choisir des chasseurs et des pêcheurs exercés et habiles, en les organisant pour rendre leur travail fructueux ; mais considérées comme plaisirs, la chasse et la pêche seraient des plaisirs individuels, fatigans, périlleux, dispendieux, contraires aux principes Icariens. Que deviendraient les femmes, le jour du repos, si les hommes les abandonnaient pour aller s'amuser à chasser et à pêcher ? Et puis, est-ce pour s'amuser que les Icariens quittent leur Patrie et viennent à trois mille lieues en prenant le titre de soldats de l'Humanité ? Quand les Icariens seront en marche dans le désert, qu'ils aient des fusils pour se défendre et pour se nourrir de leur chasse, bien ! mais quand ils sont fixés, qu'ils dépensent de l'argent pour acheter des armes et de la poudre afin de s'amuser en tuant quelques animaux inutiles, c'est une inconséquence.

35° Observer le *silence*.

Le silence est une nécessité à l'école, dans un bureau, à l'infirmerie, dans un cours, dans une assemblée publique ; à table, c'est une règle généralement adoptée dans les grandes réunions ; dans l'atelier pendant le travail, c'est encore une espèce de nécessité, si l'on veut que chacun travaille sans que personne puisse empêcher les autres de travailler.

Nous ne parlons pas de toutes les paroles et de tout le bruit nécessaire pour l'exécution du travail lui-même, mais de ces causeries étrangères au travail et qui l'empêchent ou lui nuisent.

C'est une gêne, dira-t-on peut-être ! mais il y en a bien d'autres, des milliers d'autres, dans l'ancienne société ! Pour avoir tous les avantages de l'Association, il faut bien faire quelques sacrifices ! Or, point de Communauté sans travail et point de travail sans silence. L'expérience est là pour nous éclairer. Beaucoup des difficultés éprouvées par la Colonie jusqu'aujourd'hui sont venues des causeries ou des discussions dans certains ateliers, causeries qui ont presque toujours dégénéré en médisances, en calomnies, en critiques, qui ont jeté du trouble dans la Société.

Il faut aussi éviter partout les cris et le bruit inutile qui peut incommoder quelqu'un.

36° Aimer l'*organisation* et l'*ordre*.

Il est vrai que l'organisation et l'ordre gênent la liberté; mais cette gêne est une nécessité ; car, sans organisation et sans ordre, il n'y a pas de travail, pas de production, pas de société possibles.

37° Se soumettre à la *discipline*.

Il en est de même de la discipline: sans discipline, il n'y a ni travail, ni société possibles. — Nous savons bien que le mot *discipline* blesse quelques oreilles; mais pourquoi les Icariens se trouveraient-ils blessés et humiliés d'avoir des chefs ou des directeurs dans tous les ateliers fixes ou mobiles, et pour tous les grands travaux, quand ces directeurs sont élus et choisis par eux, dans l'intérêt du travail, quand chaque travailleur peut être directeur, et quand ceux qui dirigent ou commandent sont obligés de le faire avec justice et fraternité ? Il ne serait pas Icarien, celui qui ne voudrait pas prendre l'engagement d'obéir sans résistance et sans murmure; car alors ce serait l'anarchie, qui paralyse tout et ce serait aussi la discorde et le chaos, qui détruiraient la Société. Dans ce cas, qu'il ne vienne pas ; car tout le monde dit, la *qualité* vaut mieux que la *quantité*.

38° S'engager à se *marier* quand on le pourra.

Le mariage est la règle ordinaire et générale en Icarie ; la Société, l'Ordre et la Paix y sont fondés sur le Mariage et la famille ; la Communauté n'y sera parfaite que quand il n'y aura point de célibataires.

39° — Adopter pour *Religion* le VRAI CHRISTIANISME, et pour *Culte* la pratique de la FRATERNITÉ.

Quand Icarie sera dans sa perfection, quand l'éducation Icarienne y aura formé des générations plus éclairées et plus affranchies de toutes espèces de préventions ou de préjugés, la liberté la plus complète y protégera toutes les opinions religieuses et tous les Cultes, s'il est possible que le plus haut développement de l'intelligence et de la raison humaine dans tous les Icariens n'établisse pas la même opinion sur la Religion et le Culte comme sur toutes autres questions. Mais aujourd'hui, et pendant l'époque de fondation, il est nécessaire que tous ceux qui se présentent pour entrer en Icarie aient la même Religion et le même culte pour éviter toute discussion et toute querelle à ce sujet. Et cette Religion Icarienne, c'est le Christianisme dans sa pureté primitive tel qu'il est exposé dans l'ouvrage intitulé : *Vrai Christianisme*, basé sur l'idée d'une cause première appelée Nature ou Dieu, considéré comme Père de tous les Hommes. Tous ceux qui veulent professer et proclamer le Matérialisme, ou l'Athéisme, ou le Catholicisme, et qui veulent le Culte Catholique avec ses églises, ses prêtres, sa confession et ses cérémonies, sont parfaitement libres : mais qu'ils ne viennent pas parmi nous, parce que nous avons besoin d'harmonie et d'unité.

40° — S'engager à n'être *jamais hostile.*

Etre hostile envers la Communauté à laquelle on aurait juré amour et dévoûment, envers des camarades qu'on aurait adoptés pour frères, ce serait une monstruosité. Cependant, cette monstruosité, nous l'avons vue et elle nous a fait bien du mal. C'est pourquoi nous demandons que le postulant prenne l'engagement , quoi qu'il puisse arriver , de n'être jamais hostile.

41° — Ne *rien emporter* malgré la Société.

Ce serait un véritable vol , qui pourrait désorganiser et compromettre la Société. Cependant , une véritable expérience nous condamne à la nécessité de demander l'engagement formel de ne rien emporter sans le consentement de la Communauté.

42° Remplir toutes ces conditions quand on est *femme*, mariée ou non , comme quand on est homme.

La femme a même plus besoin de les remplir que l'homme ; car quand elle n'est pas Icarienne , elle peut entraîner son mari et porter dans la Communauté plus de trouble et de désordre. Nous en avons fait la funeste expérience en 1849 : ce sont des femmes qui s'étaient dites Icariennes , mais qui ne l'étaient pas, qui ne connaissaient nullement nos doctrines , qui n'avaient que de l'égoïsme et de la vanité avec l'ignorance , sans qualités sociales et sans jugement, qui n'étaient parties que pour soustraire leurs maris à la persécution qu'avait attirée sur eux leur conduite révolutionnaire , ce sont ces femmes, disons-nous, qui ont été la principale cause des dissidences et des désertions par leur influence sur des maris faibles et aveuglés.

43° — *Garantir* que *sa femme* remplit réellement toutes les conditions.

Pour être admis en faisant admettre leurs femmes, plusieurs Icariens ont déclaré que celles-ci étaient Icariennes , tandis qu'elles ne l'étaient pas, et qu'elles ne partaient que par une espèce de contrainte ou par quelque motif d'intérêt personnel et égoïste. C'était une tromperie infiniment grave de la part des maris ; c'était manquer au premier devoir d'un véritable Icarien , qui doit être *dévoué* à la Communauté.

44° *Garantir* que *ses enfans* n'ont pas de vices essentiels, au moral comme au physique.

Les enfans qui naîtront en Icarie et dont la Communauté préparera et fera l'éducation dès leur naissance, n'auront pas de vices bien difficiles à corriger. — Dans quelques années, quand la Colonie aura les moyens suffisans en argent, en logemens et en instituteurs, elle pourra se charger de mille et dix mille enfans de tout âge et de tout caractère, sans s'effrayer de leurs défauts, de leurs mauvaises habitudes et de leurs vices mêmes ; mais pendant les premières années de la période de fondation, les mauvaises habitudes et les vices de quelques enfans, surtout un peu âgés, pourraient occasionner de graves difficultés, comme nous ne le savons que trop par expérience. C'est donc une nécessité que les enfans n'aient pas de vices essentiels, et que les pères et mères les garantissent sous leur responsabilité morale.

45° *Consentir* à ce que la Communauté *dispose* complètement des enfans.

L'éducation de l'enfant doit commencer à sa naissance, et c'est l'éducation qui fera la force et l'espérance de la Communauté. Il est nécessaire que la Communauté puisse disposer entièrement des enfans, depuis leur naissance, sans pouvoir être contrariée par les parens. Sans doute la mère aura le droit d'allaiter son enfant ; mais toutes les questions qui concernent l'éducation physique, intellectuelle et morale de l'enfant, appartiennent a la Communauté. Cependant, on a vu des mères ignorantes et obstinées, s'opposer à toute amélioration, à toute réforme, et compromettre la santé et la vie même de leurs enfans par une tendresse aveuglée par une foule de préjugés. Par conséquent, il est indispensable que chacun donne formellement le consentement dont il s'agit. S'il en est à qui ce consentement répugne, ils sont parfaitement libres de le refuser ; mais alors qu'ils ne viennent pas en Icarie ; car ils ne sont pas Icariens.

46º Accepter la *Constitution* délibérée à Nauvoo, ainsi que les *lois et réglemens* faits et à faire, et s'engager à les exécuter sans critique et sans murmures.

C'est une nécessité manifeste ; sans cette exécution fidèle, il n'y a pas de société possible ; et l'un de nos principes politiques les plus essentiels, c'est que chacun doit être parfaitement libre d'attaquer un *projet de loi* ; mais qu'après un vote libre et régulier, la *minorité* doit céder à la *majorité* et exécuter la loi comme une chose sacrée.

47º Remettre, en arrivant à Nauvoo, les *pièces* suivantes :

1° Acte de naissance ; — 2° une notice biographique contenant un récit succinct de sa vie, avec les principales circonstances ; — 3° les diverses professions ou les divers travaux desquels on est capable ; — 4° la liste des principaux parens avec leurs professions et leurs adresses ; — 5° la liste des principaux amis ou des principales connaissances ; — la liste des principaux Icariens que l'on désirerait voir arriver ; — 7° l'*inventaire* détaillé de tout ce que l'on apporte, en argent, en nature, en trousseau, en linge excédant le trousseau, en outils, en livres ; — 8° un récit individuel ou collectif du voyage contenant toutes les circonstances instructives ou intéressantes ; — 9° l'acceptation écrite et signée de la Constitution et de toutes les conditions ci-dessus ; 10° une demande en admission.

48º Le demandeur se présentera devant une *Commission* chargée de vérifier les pièces, — de l'interroger et de l'examiner, — d'ouvrir une enquête, — et de faire son rapport à la Gérance et à l'Assemblée générale, qui prononcera sur la demande en admission.

Le président d'Icarie : CABET.

TROUSSEAU ICARIEN.

Trousseau d'homme.

Linge. — Douze chemises très-bonnes; — douze mouchoirs de poche; — huit serviettes ou essuie-mains.

Vêtement. — Trois gilets de flanelle pour ceux qui en portent; — un tricot de laine; — deux tricots de coton pour ceux qui n'en portent pas en laine; = trois caleçons; — quatre paires de bas ou chaussettes laine; — six paires de chaussettes coton; — un pantalon de drap pour s'habiller; — un pantalon d'été pour s'habiller; — deux pantalons chauds pour travailler; — quatre pantalons de grosse toile pour travailler; — deux paires de bretelles; — une ceinture en cuir; — quatre gilets; — une redingote ou habit; — un paletot ou caban ou manteau; — une veste en drap ou en velours; — six cravates, dont deux en laine; — quatre blouses ou bourgerons; — une brosse à habits.

Coiffure. — Un chapeau de feutre gris; — un chapeau de paille; — deux casquettes; — six bonnets de coton.

Chaussure. — Deux paires de souliers neufs, napolitains autant que possible; — deux paires de bottes; — une paire de chaussons pour la chambre; — une paire de chaussons pour mettre dans les sabots; — une boîte de cirage; — trois brosses à souliers.

Literie. — Une toile à paillasse; — un matelas de vingt-cinq livres pour une personne, de trente-quatre livres pour un ménage (les personnes qui auront des lits de plume pourront les apporter) ; — un traversin ; — un oreiller, deux pour un ménage ; — quatre taies. d'oreiller pour chaque oreiller ; — deux paires de draps par personne, quatre par ménage ; — deux couvertures laine ou coton, par personne ou par ménage ; — un vase de nuit en métal (fer battu).

Propreté. — Deux peignes pour cheveux ; — un peigne pour barbe ; — une brosse à cheveux ; — une brosse à dents ; — deux rasoirs ; — un cuir à rasoirs ; — une petite glace fermant ; — objets de toilette et de santé.

Objets divers. — Parapluie, — couteaux, — ciseaux, — dés, fil, aiguilles et épingles ; — plusieurs paires de lunettes, si on en porte.

Fournitures pour écrire. — Encrier, — papier, — plumes, — cachet, cire ou pains, — agenda.

Outils de la profession. — Bons et nécessaires (pas trop lourds ou trop volumineux).

Ustensiles de cuisine, de table. — Cafetière ou bouillote, — assiettes, cuillers et fourchettes en fer battu, — gobelet en fer blanc, — cuvette, — vase pour mettre de l'eau.

Malle plate et pas trop volumineuse.

Nota. — Ces divers objets constituent le trousseau au minimum. — Il faut que tous ces objets soient neufs ou au moins en très-bon état. — Si on a plus en linge, vêtement, literie, on peut apporter l'excédant pour le déposer dans la caisse commune. — Il ne faut rien dépenser pour aucun objet de luxe.

On ne sera pas admis si on n'a pas complètement son apport en argent, le trousseau et la literie,

Trousseau de femme.

Linge. — Douze chemises très bonnes, — douze mouchoirs de poche, — huit serviettes ou essuie-mains, — six torchons.

Vêtement. — Six camisoles, — pantalons ou caleçons pour le voyage, — trois paires de bas de laine; — douze paires de bas de coton, — quatre jupons blancs, — deux jupons de couleur, — huit robes d'hiver et d'été, — deux châles ou manteaux, — trois gilets de flannelle pour celle qui en porte, — six tabliers, — six bonnets de nuit, six bonnets de jour, — douze fichus, — deux pélerines, une d'hiver, une d'été, — pointes de fantaisies, — deux corsets pour celle qui en porte, — deux fanchons ou bonnets noirs, — une brosse à habit.

Chaussure. — Quatre paires de souliers, à haute anglaise autant que possible, — deux paires de chaussons, — une boîte de cirage, — trois brosses à souliers.

Literie. — Une toile à paillasse, — un matelas de vingt-cinq livres pour une personne, de trente-quatre ivres pour un ménage, — deux paires de draps par personne, quatre par ménage, — deux couvertures, laine ou coton par personne ou par ménage, — un traversin, — un oreiller par personne, deux par ménage, — quatre taies d'oreiller par oreiller, — ridaux, — un vase de nuit en fer battu.

Objets de toilette ou de santé. — Deux peignes-démêloirs pour cheveux, — deux peignes fins, — deux peignes à chignon, — deux brosses à dents et à ongles,

— une petite glace fermant, — une cuvette, — une seringue.

Objets divers. — Parapluie, couteaux, ciseaux, — fourniture, des aiguilles, etc.

Ustensiles de cuisine, de table, etc. — Cafetière ou bouillotte, — assiettes, cuillers et fourchettes en fer battu, — gobelets en fer battu, — vase pour mettre de l'eau.

Outils de la profession. — Bons et nécessaires, pas trop lourds ni trop volumineux.

Fournitures pour écrire. — Encrier, papier, plumes, cachet, — cire ou pains, — agenda.

Malle plate et pas trop volumineuse.

Nota. — Ces divers objets constituent le trousseau de femme au minimum. — Il faut que tous les objets soient neufs ou au moins en très bon état. — Si on a plus en linge, vêtement, literie, on peut apporter l'excédant pour le déposer dans la caisse commune. — Il ne faut rien dépenser pour aucun objet de luxe, ni pour des robes de soie, ni pour des chapeaux, ni pour des bottines.

On ne sera pas admis si on n'a pas complètement son apport en argent, le trousseau et la literie.

Trousseau de petit garçon au-dessous de 10 ans.

Linge. — Douze chemises, — douze mouchoirs de poche, — huit serviettes ou essuie-mains.

Vêtement. — Six blouses de couleur, — six pantalons pour hiver et été, — trois caleçons, — huit paires de bas, moitié laine et moitié coton, — quatre cravates, — une ceinture en cuir verni, — deux casquettes, — un chapeau de grosse paille.

Chaussure. — Trois paires de brodequins, — deux paires de chaussons pour sabots.

Literie. — Six bonnets de nuit, — deux paires de draps, — un oreiller, — quatre taies d'oreiller, — deux couverures, — un matelas, — une toile de paillasse, — un vase de nuit.

Propreté. — Un peigne à démêler, — deux peignes fins, — une brosse à cheveux, — une brosse à peigne, — une brosse à dents, — une petite glace fermant, — une cuvette.

Objets divers. — Assiette, cuiller et fourchette en fer battu, — goblet en ferblanc, couteau.

Nota. — Le trousseau de garçon au-dessus de dix ans doit être le même que celui de l'homme.

Trousseau de petite fille au-dessous de 10 ans.

Linge. — Douze chemises, — trois chemises de tricot, — douze mouchoirs de poche, huit serviettes ou essuie-mains.

Vêtement. — Six pantalons, — huit robes, — six jupons, — quatre tabliers de couleur à manches, — dix paires de bas dont quatre en laine, — six fichus blancs, — un camail mérinos noir, ouaté, — un chapeau de grosse paille rond, — six bonnets de nuit, — deux bonnets de jour.

Chaussure. — Trois paires de brodequins, — deux paires de chaussons pour sabots.

Literie. — deux paires de drap, — un oreiller, — quatre taies d'oreiller, — deux couvertûres, — un matelas, — une toile à paillasse, — un vase de nuit.

Propreté. — Un peigne à démêler, — deux peignes fins, — une brosse à cheveux, — une brosse à peigne, — une brosse à dents, — une petite glace fermant, — une cuvette.

Ustensiles. — Assiette, cuiller et fourchette en fer battu, — gobelet en ferblanc, — couteau.

NOTA. — Le trousseau de la fille au-dessus de dix ans est le même que celui de la femme.

Ce nouveau trousseau, moindre que celui du 7 septembre 1850, a été discuté et adopté par la commission de vêtement composée de vingt Icariens et Icariennes, puis par l'Assemblé générale à l'unanimité.

Nauvoo, le 1er mars 1851.

Le Président de la Communauté Icarienne,

CABET.

Recommandations pour le voyage.

Quand la Communauté Icarienne pourra organiser, en France, des départs officiels, elle en prendra la responsabilité à condition que la vie sociale et commune commencera complètement au départ de Paris, et que les partans se soumettront absolument pour tout, à la direction et aux règlemens de la Communauté pendant le voyage ; et notamment, on admettra que ceux qui pourront et voudront aller directement jusqu'à Nauvoo, sans s'arrêter ni à la Nouvelle-Orléans ni à Saint-Louis, en remplissant d'ailleurs toutes les conditions d'admission.

Mais pour le moment, ceux qui voudront partir, partiront à leurs risques et périls, sans aucune responsabilité ni du Bureau Icarien de Paris, ni de la Communauté à Nauvoo.

On les aidera seulement autant qu'on le pourra, soit à Paris, soit au Havre, soit à la Nouvelle-Orléans, soit à Saint-Louis, et c'est dans ce sens que nous allons leur donner les conseils que nous dicte l'expérience.

1° d'abord, avant tout, étudiez bien le programme des conditions d'admission et voyez si ces conditions vous conviennent et si vous pouvez les remplir.

2° Préparez-vous autant que possible 3 ou 4 mois à l'avance, pour régler, vendre, réaliser et liquider toutes vos affaires ; pour acheter et préparer votre trousseau ; réunir les pièces indiquées au paragraphe 47 du programme des conditions d'admission (page 26).

3° Huit ou quinze jours avant le départ du pays que vous habitez, il faut vous munir d'un passe-port pour la Nouvelle-Orléans, ou simplement pour les États-Unis, sans désignation de ville.

Pour obtenir un tel passe-port, il faut à un ouvrier travaillant pour un patron ; son livret signé par le patron pour lequel il travaille, et visé par le Commissaire de Police ou par le Maire, ou à défaut de livret, un certificat du patron constatant que vous êtes libéré de tout engagement avec lui ; ce certificat doit être visé comme le livret. — Si celui qui demande un passe-port est célibataire, il doit produire son certificat de libération du service militaire ; s'il est marié, son contrat de mariage et les actes de naissance de ses enfans. — Le mari, la femme et les enfans doivent être portés sur le même passeport. — Ceux qui emmènent avec eux des mineurs autres que leurs enfans doivent avoir une autorisation des parens ou du tuteur. Ces autorisations doivent être écrites sur papier timbré et légalisées par le Maire de la commune où résident les parens ou le tuteur. — Le mineur ainsi autorisé sera porté sur le même passe-port que celui qui l'emmène.

Muni de toutes les pièces qui vous sont nécessaires, vous irez, accompagné de deux témoins patentés, chez le Commissaire de Police ou à la mairie de votre pays pour vous faire délivrer un certificat sur lequel vous sera délivré votre passe-port, là, on vous dira par qui le passe-port vous sera délivré.

4° Associez-vous avec les Icariens de votre ville pour voyager en commun jusqu'à Paris ; car l'association réalise de grandes économies et de grands avantages en tous genres.

Réunissez-vous le plus souvent possible, soit dans votre ville avant de venir à Paris, soit à Paris, soit au Havre, afin de vous bien connaître et de bien vous entendre sur tout ce qui concerne le voyage.

5° Il est indispensable d'arranger toutes vos affaires de manière qu'après votre départ on n'ait plus besoin de s'en occuper. — Faites souscrire des billets à ordre payables à jour fixe, à tous vos débiteurs dont vous n'aurez pu vous faire payer.

6° Laissez au bureau Icarien, à Paris, une procuration pour qu'en toute circonstance on puisse agir en votre nom. Cette procuration doit être faite en minute et le nom du titulaire doit rester en blanc. Pour les personnes mariées, elle doit être faite au nom du mari et de la femme.

7° Entendez-vous avec le Directeur du Bureau Icarien, sur toutes vos affaires, remettez-lui une note explicative la plus complète possible. Remettez-lui aussi tous les titres que vous aurez à faire valoir avec les renseignemens nécessaires pour chacun d'eux. Donnez aussi les adresses de vos parens, de vos amis, de ceux qui vous doivent, etc.

8° A Paris, associez-vous avec les Icariens partant qui s'y trouvent, pour vous organiser, pour acheter à Paris tout ce qui s'y achète, pour voyager en commun jusqu'au Havre et ensuite jusqu'à Nauvoo.

Ne vous faites pas d'illusions ! Sachez bien que le voyage sur mer et sur fleuve, pendant plus de deux mois, occasionne des gênes, des privations, des souffrances et des périls. Ne partez que si vous vous sentez la force et le courage de tout supporter !

9° Le départ en commun est un commencement de Communauté; c'est une épreuve, et peut-être la plus difficile; aussi, ne saurions-nous trop vous recommander de prendre la résolution de pratiquer la fraternité, la tolérance, l'indulgence, la patience et le dévoûment : car la conduite de chacun sera prise en considération, lorsqu'il s'agira de l'admission à Nauvoo.

10° Ce qui va suivre suppose que vous êtes 30 à 40 ; car il faut ce nombre pour avoir une place séparée et une cuisine particulière sur le navire, pour traiter, diriger, voyager en Société ou Communauté. Si vous n'êtes pas une trentaine, l'individualisme est presque une nécessité, et le meilleur parti à prendre alors, c'est de partir par famille ou par petit groupe de 8 à 10, se connaissant bien, et dont les caractères sympathisent ensemble.

11° Quand on part un grand nombre, une Direction à laquelle chacun s'obligera à se soumettre, est absolument nécessaire dans l'intérêt de tous. — Cette Direction peut être confiée à un *Directeur* aidé par un *Conseil* de 3 ou 5, ou à un *Comité* de 3 ou 5 élisant un *Président*. Dans les deux cas, l'Assemblée générale, composée de tous les hommes, reste maîtresse de changer la Direction, si le changement lui paraît nécessaire.

12° Organisez-vous à Paris. — Nommez votre Direction et vos commissions, signez l'engagement pour le voyage.

13° Entendez-vous sur l'apport, pour vous assurer que chacun l'a ; 2° sur la somme à mettre en caisse pour les dépenses; 3° sur les malles à emporter ; 4° sur le trousseau chacun ; 5° sur les provisions et autres objets à emporter ; 6° sur les achats à faire au Havre et ceux à faire à Paris ; 7° sur le transport des bagages et des voyageurs de Paris au Havre ; 8° sur le séjour au Havre ; 9° sur le louage du navire, etc.

Engagement à signer à Paris.

« Les soussignés déclarent que leur intention est de partir pour se rendre directement dans la Communauté Icarienne à Nauvoo ; qu'ils remplissent toutes les conditions exigées pour l'admission, et notamment, qu'ils ont chacun l'apport de 400 fr. , indépendamment du trousseau, et de 200 fr. pour les frais du voyage du Havre à Nauvoo, et qu'ils s'engagent à les verser immédiatement dans la caisse commune.

« Celui qui, après le louage du navire, renoncerait à partir, ne pourra rien réclamer pour les 200 francs qu'il aura versés dans ladite caisse.

» Celui qui, par un motif quelconque, s'arrêterait à la Nouvelle-Orléans ou à Saint-Louis, devra remettre à la Direction du voyage une lettre pour la Gérance à Nauvoo, exposant les motifs de sa conduite. — Il ne pourra rien réclamer des provisions et autres objets communs qui existeront. Il pourra seulement réclamer ses malles et sa part dans l'argent qui resterait dans la caisse commune.

» Les cit. .... sont choisis pour former un Comité qui dirigera le voyage, qui louera le navire, fera le traité pour le louage, fera tous les achats et dirigera les transports.

» Le cit.... est nommé caissier, pour tenir la caisse, payer les dépenses, tenir les écritures et dresser les comptes.

» Toutes les dépenses doivent être justifiées par des factures acquittées ou des reçus.

» Les soussignés promettent de pratiquer les principes Icariens, de suivre la Direction choisie par eux et d'exécuter les règlemens qui pourront être faits

» Fait à Paris, le..... »

14° Il faut faire trois copies de cet engagement , en laisser une au bureau à Paris , une entre les mains du caissier et la troisième pour la Direction.

15° Il ne faut recevoir aucun individu qui aurait l'intention de s'arrêter à la Nouvelle-Orléans ou à Saint-Louis. Il y a trop d'inconvéniens manifestés par l'expérience. Ceux qui veulent ainsi s'arrêter doivent partir séparément.

16° Ordinairement le voyage pour les enfans coûte autant et cause plus d'embarras que pour les grandes personnes : on devra donc verser 200 francs pour chaque enfant au-dessus d'un an.

17° LISTE DES PARTANS. — Il faut dresser une liste des partans , indiquant leurs noms, prénoms, professions, âges, mariés ou célibataires , lieux de naissances, domiciles actuels, apport. — Il faut faire deux copies de cette liste , en apporter une à Nauvoo et laisser l'autre au bureau à Paris. — Il faut en faire , pour le capitaine du navire , une troisième copie contenant seulement les noms , prénoms , âges et professions.

18° PASSEPORTS. — Ne rien négliger pour les avoir quelques jours d'avance. Voyez ce qu'il en est dit ci-avant, paragraphe 3 , page 33. Il faut les réunir tous en arrivant au Havre et les remettre entre les mains d'un membre de la Direction.

19° OBJETS A VENDRE. — Il ne faut pas compter sur les objets en nature pour faire l'apport. Il faut vendre avant de partir tout ce que vous ne pouvez conserver : les bijoux , pendules, glaces, vaisselles, mobiliers , etc. La vente de tout cela n'est ni facile , ni avantageuse en Amérique et , souvent, c'est une cause de grand embarras et de perte.

Ceux qui ont de bonnes montres en argent , de peu de valeur, peuvent les conserver.

Conservez aussi votre batterie de cuisine en cuivre et fer battu; vos cuillères, fourchettes, couteaux et autres petits objets de ménage.

20° OUTILS. — Il ne faut apporter que de bons outils' qui ne sont ni trop volumineux, ni trop lourds, avoir soin de bien les emballer, mais il n'est pas nécessaire de les mettre dans des caisses emballées au *gras*.

21° LIVRES. — Il ne faut apporter que des livres bons et utiles, qui peuvent nous manquer. Consultez pour cela le Directeur du Bureau de Paris qui a la liste de ceux qui nous peuvent être utiles.

22° TROUSSEAU. — Le trousseau doit être complet et en bon état. (voyez à la page 27). Il ne faut apporter aucun vêtement de luxe, ni comprendre dans le trousseau des objets vieux ou en mauvais état. — Apportez néanmoins le vieux linge, il peut être utile pour l'infirmerie.

23° MALLES. — Servez-vous des malles telles que vous les aurez; mais qu'elles ne soient ni trop grosses ni trop lourdes. — Le modèle le plus commode et que l'on avait adopté pour les premiers départs en 1848, c'est la forme carrée, de 1 mètre de long, 50 centimètres de large et 33 centimètres de haut; ceux qui seront obligés d'en acheter feront bien de les faire faire sur cette grandeur. Elles doivent être solides et fermant à clé. — N'emportez ni petites boîtes, ni cartons à chapeaux, c'est la source de beaucoup d'ennuis et d'embarras pendant le voyage.

24° MARQUES A METTRE SUR LES COLIS. — Collez sur chacun de vos colis une étiquette sur laquelle vous écrirez: votre nom, le nom de la ville où vous vous rendez directement, les deux lettres initiales C. I. et le numéro du colis.

25° INVENTAIRE. — Il faut faire un inventaire bien détaillé de ce que contient chaque malle ou colis. Il faut faire deux copies de cet inventaire, en remettre une au Bureau à Paris et l'autre à la Gérance, en arrivant à Nauvoo. — Faites cet inventaire sur une grande feuille de papier, en séparant par un trait le contenu de chaque malle, indiquée par son numéro d'ordre.

26° PRÉCAUTIONS A PRENDRE POUR NE PERDRE AUCUN COLIS. — Lorsque tous les partans seront réunis à Paris avec leurs bagages, ils dresseront une liste générale de tous les colis, en leur donnant une seule série de numéros, en ayant soin, toutefois, que les colis appartenant au même individu ou à la même famille se suivent dans l'ordre des numéros. Cette liste doit être faite suivant le modèle ci-après :

N°s des COLIS.	NOMS du PROPRIÉTAIRE.	DÉTAIL des OBJETS QU'ILS CONTIENNENT.

27° TRANSPORT DES BAGAGES. — Le transport des bagages, si on ne s'y prend pas d'avance, afin de pouvoir les expédier par la voie la moins coûteuse, occasionne des dépenses considérables, surtout pour ceux qui viennent des départemens à Paris. Il est donc de toute nécessité que tous ceux qui se préparent à partir se mettent en relation avec le Bureau de Paris, au moins deux ou trois mois à l'avance ; qu'ils préparent leurs malles pour les envoyer aussitôt qu'on leur en donnera avis, et qu'ils se tiennent prêts à arriver eux-mêmes à l'époque qui leur sera indiquée. — Tous les bagages doivent être réunis à Paris, au moins six jours avant celui fixé pour le départ du navire, pour de là être expédiés tous ensemble pour Havre, par le chemin de fer, petite vitesse. — Les partans ne doivent conserver avec eux que leur lit et du linge pour en changer.

29° TRAITÉ POUR LE NAVIRE. — Il faut envoyer au Havre le plus tôt possible, aussitôt que l'on connaît le nombre des partans, quelqu'un qui ait l'habitude de ces sortes d'opérations. — Il faut traiter avec le capitaine ou avec la maison du

Havre qui peut disposer du navire, et faire d'abord toutes les conventions verbalement, puis faire un *traité écrit,* contenant les stipulations suivantes :

Entre (le capitaine ou la maison du Havre) d'une part,

Et N..... représentant d'une société composée de ..... personnes, d'autre part,

Il a été convenu ce qui suit :

Art. 1er. — Nous, N......., nous nous engageons à transporter ou faire transporter directement, du Havre à la Nouvelle-Orléans, en Amérique, sur le navire N....., la Société représentée par N....., composée de .... individus, tant hommes que femmes et enfants, ainsi que tous leurs bagages, moyennant la somme de ..... par personne.

Les enfans au-dessous de .... ans ne paieront que .....

Art. 2 — Les membres de la Société seront placés tous ensemble sur l'*arrière* dans l'entrepont.

Art. 3. — Ils seront séparés de l'autre partie de l'entrepont par une cloison avec une porte.

Art. 4. — Les matelots n'y entreront que quand le service l'exigera.

Art. 5. — Les cabines seront à deux places séparées par une planche mobile.

Art. 6. — Une longue *table* bordée de *liteaux* sera placée au milieu avec des bancs des deux côtés.

Art. 7. — La Société aura un *escalier* particulier.

Art. 8. — Elle aura une *cuisine* particulière et fermée.

Art. 9. — Elle aura des *lieux-d'aisance* particuliers et fermés.

Art. 10. — Elle recevra chaque jour un galon d'eau par personne.

Art. 11. — Elle sera éclairée par une grosse lampe.

Art. 12. — Le bagage qui ne pourra être déposé dans l'entrepont sera placé dans la cale, dans le même endroit, de manière à pouvoir en être tiré facilement quand on en aura besoin.

Art. 13. — Le nombre des membres de la Société pourra s'augmenter jusqu'à 20 aux mêmes conditions.

Art. 14. — Le navire partira le ..... Si le départ est retardé sans qu'on y soit contraint par les vents contraires, les membres de la Société recevront une indemnité de ..... fr. par personne et par chaque jour de retard.

Art. 15. — Tout sera prêt la veille du jour fixé pour le départ, de manière que toute la Société puisse y coucher la nuit qui précèdera ce jour.

Art. 16. — La moitié du prix convenu ci-dessus sera payé par avance et à compte aussitôt après la signature du présent. L'autre moitié sera payée le jour ou la veille du départ. — Les membres de la Société n'auront rien à payer à la Nouvelle-Orléans ni pour droit d'hospice ni pour aucune autre cause.

Art. 17. — Nous nous engageons à faire signer le présent par le capitaine, et de part et d'autre à faire exécuter toutes les conditions ci-dessus mentionnées.

Fait double au Havre, le.....

C'est le double signé par le capitaine qui sera remis à la Société.

Si les partans ne sont pas au nombre de 30 à 40, il est probable qu'ils ne pourront pas obtenir un pareil traité ; et alors, ils seront pêle-mêle avec les autres passagers, sans cuisine particulière, etc.

Il y a des navires sur lesquels on ne peut obtenir aucune réduction de prix pour les enfans.

Il y a des capitaines qui ne veulent pas signer le traité. Alors, on ne peut guère insister. On est d'ailleurs généralement à la discrétion du capitaine pendant le voyage. L'essentiel est d'avoir dans la Société un membre prudent qui puisse parler avec lui ; car il ne parle ordinairement que l'anglais. L'essentiel est aussi de gagner sa bienveillance par une conduite digne, sage et ferme.

On ne voudra peut-être pas mettre de liteaux au bord de la table. On peut ne pas insister, c'est peu de chose, on les mettra soi-même et on arrangera la table pour que le roulis ne renverse pas ce qui sera dessus.

Si l'on ne peut obtenir des bancs des deux côtés de la table, on pourra y suppléer par les malles. D'ailleurs on peut être souvent obligé de manger debout.

Les planches mobiles entre les lits dans les cabines ne sont pas absolument nécessaires. Beaucoup préfèrent n'en pas avoir. Si on en a on peut s'en servir pour autre chose qui paraîtra plus utile.

31° PROVISIONS POUR UNE PERSONNE ET POUR 70 JOURS. — Les traversées ordinaires du Havre à la Nouvelle-Orléans sont de 35 à 50 jours, mais la prudence, aussi bien que les règlemens de la marine, veulent que chaque passager embarque pour 70 jours de vivres. Voici à peu près la nature des vivres et la quantité que tous les Icariens ont emportée jusqu'à ce jour :

Biscuit.............	30	livres.	Endaubage.........	3	livres.
Croûtes...........	5	»	Porc salé	6	»
Pain frais.........	3	»	Bœuf salé.........	4	»
Farine..	1	»	Id. frais.........	1	»
Riz...............	5	»	Beurre salé.........	1	» 1/2
Vermicelle	1	»	Pommes de terre....	1	hectol.
Macaroni..........	1	»	Ognons............	1	décal.
Oseille cuite........	1	»	Carottes et Navets...	1	»
Pruneau	2	»	Haricots	1	litre.
Fromage gruyère....	1	»	OEufs.............	1	douz.
Id. hollande ...	1	»	Cornichons........	1/2	livre.
Café brûlé	1	»	Thym, Laurier, Giro-		
Thé (pour 10 person-			fle, Poivre en grain,		
nes).............	1/2	»	Ail, Canelle et Ci-		
Sucre	3	»	trons, ensemb. pour	75	cent.
Sel gris...........	2	» 1/2	Choux et Poireaux		
Huile d'olive	1	» 1/2	pour............	30	»
Sardines..........	1	boîte.	Vin de Bordeaux....	28	litres.
Jambon...........	4	livres.	Vinaigre..........	2	»

Voilà les seuls alimens que nous croyons convenables ; tout

le reste est inutile et a beaucoup plus d'inconvéniens que d'avantages, sans compter le surcroît de dépenses.

La quantité de vivres étant indiquée pour chaque personne, il faudra multiplier autant de fois les quantités qu'il y aura de partans.

Il est nécessaire que chacun prenne l'engagement de n'emporter aucune provision particulière. Il faut pratiquer tout de suite l'Égalité et la Fraternité.

Point de *liqueur*, si ce n'est comme médicament, en petite quantité, comme il sera dit à l'article pharmacie.

Point de *tabac*, c'est une condition pour l'admission à Nauvoo. Celui qui en aurait l'habitude et qui partirait avec la résolution de s'en débarrasser pendant le voyage aurait soin de faire sa provision pour lui.

32° LIEUX D'ACHAT ET PRÉCAUTIONS. — Acheter à Paris, le thé, pruneaux, bougie; tout le reste au Havre. Le vin, le sel, le sucre et le café à l'Entrepôt, où ces objets coûtent moins cher. — Les feuillettes pour le vin sont plus commodes que les pièces.

Il faut acheter la viande et le pain chez le boucher et le boulanger.

Le reste chez un marchand qui tient et vend toutes les provisions pour les navires.

Il est indispensable de surveiller avec le plus grand soin la livraison et l'encaissement des vivres, d'en vérifier le poids et la qualité. Demander que tout soit déposé dans le même endroit sur le port, de manière que tout puisse être embarqué en même temps et placé au même endroit dans la cale.

Il faut charger un ou plusieurs partans de surveiller le dépôt sur le port.

Il ne faut pas oublier de prendre des factures pour tout ce qu'on achète et les faire acquitter.

33° USTENSILES DE CUISINE EN FER BATTU ET OBJETS DIVERS. — La quantité et la grandeur des ustensiles indiqués ci-après sont calculés pour un départ de 40 personnes. Il faudrait, par conséquent, diminuer ou augmenter les nombres et les grandeurs suivant que les partans seraient plus ou moins de quarante :

1 Marmite pour soupe et ragoût de 40 litres.
1 Marmite pour soupe et ragoût de 25 litres.
1 Marmite pour soupe et ragoût de 10 litres.
1 Casserole de 8 litres.
1 Idem de 3 litres.
6 Soupières de 10 à 12 litres.
6 Plats pour 10 à 12 personnes.
7 Cuillères à potage.
2 Grandes cuillères.
2 Couteaux à découper.
50 Gobelets.
72 Assiettes.
72 Cuillères.
72 Fourchettes.
5 Cafetières.
1 Moulin à café.
1 Idem à poivre.
15 Grandes dames-jannes.
10 Petites, idem.
1 Pelle à feu et une pincette.
1 Soufflet.
1 Couperet.

1 Merlin à fendre le bois.
1 Hache.
1 Scie.
1 Marteau.
1 Tenaille.
3 sceaux en zinc de 10 à 12 lit.
2 Lampes.
2 Petites lanternes.
6 Douzaines de mèches.
4 Kilos de bougie.
15 Idem hnile à brûler.
Allumettes chimiques et soufrées.
Amadou.
2 Briquets.
2 Brûloirs.
25 Cuvettes.
45 Vases de nuit.
6 Balais.
20 Kilos de pointes de 15 à 21 lignes.
6 Eponges.
3 Grosses de crochets à vis.
1 Villebrequin.
2 Robinets à clé.
30 livres savon de palmes.

34° PHARMACIE. — Une boîte-pharmacie comme elle est indiquée dans le *Manuel*. Emportez un ou deux exemplaires de ce *Manuel*.

Il faut conserver avec soin tous ces objets, ils sont utiles, même à Nauvoo.

On fera deux baquets en sciant la première feuillette vide.

35° AMARRAGE. — Il faut placer tout ce qu'on peut dans l'entrepont, et surtout les malles contenant les trousseaux et tous les objets dont on aura besoin tout de suite. — Amarrer les malles avec des liteaux cloués devant pour les empêcher de rouler pendant le roulis. — On emploie aussi les cordes des matelas pour attacher les malles.

36° INVENTAIRE DES PROVISIONS. — Faites la liste de toutes les caisses de provision. Numérotez-les comme vous avez fait pour vos bagages, en ayant soin d'indiquer tout ce que contient chaque numéro. — Quand une caisse est vide il faut l'indiquer en marge du numéro sur la liste.

37° COMPTE GÉNÉRAL. — Le Caissier doit réunir, tout de suite, en partant, toutes les factures, faire le compte général de la dépense, vérifier l'argent qui doit rester et qui reste effectivement en caisse, faire approuver et signer ce compte.

38° PROPRETÉ. —Elle est indispensable comme hygiène ; les femmes doivent l'entretenir de leur côté et les hommes du leur. — Chaque personne doit éviter tout ce qui peut contrarier ou blesser les autres.

Les hommes doivent être placés d'un côté du navire et les femmes de l'autre avec les enfans. — Si une femme a besoin de soins, ils doivent être donnés par une autre femme.

Il ne faut point embarquer de femmes prêtes d'accoucher, il y a trop d'inconvéniens de toute espèce et de dangers même.

Il faut laver le moins possible le linge.

On prévient que l'eau de mer tache le linge et les effets.

39° POINT D'ANIMAUX. —N'embarquez ni chien, ni chat, ni oiseaux. Il faudrait payer ; c'est malpropre, c'est gênant pour l'équipage qui souvent les jette à la mer.

40° VÊTEMENS POUR LE VOYAGE. — On peut consacrer au voyage tous ses vieux habits, et consulter la saison pour se vêtir chaudement ou légèrement. La blouse et le bourgeron sont commodes, la casquette et les chaussons sont la coiffure et la chaussure les plus convenables à bord du navire. — Les sabots y sont dangereux.

41° CUISINE. — Il faut demander quels sont ceux qui savent faire la cuisine et les en charger. — Il est nécessaire que plusieurs s'en occupent sous la direction d'un seul. — La plus grande propreté doit régner dans tous le service de la cuisine et de la table.

42° Travaux a bord. — Il n'est guère possible ordinairement de faire d'autres travaux que des raccommodages, du tricot, etc. Il faut faire que la lecture en commun ou en particulier, le travail de propreté, de cuisine de table et de tout le service intérieur occupe habituellement tout le monde.

43° Réglement. On verra si l'on veut faire un réglement pour les heures de levée et de coucher, le nombre de repas, leur composition et les heures. — Il est bien que tous se couchent et se lèvent à la même heure, et que personne, aucune femme surtout, ne reste sur le pont quand la masse est dans les cabines à l'entrepont. — Il est bien aussi que l'heure des repas soit convenue et réglée d'accord. — On peut servir le matin, au lever, le restant de la veille, ou quelques alimens froids, qu'on prendra à volonté. — L'heure la plus convenable pour le déjeûner est entre 10 et 11 heures, et pour le dîner entre 3 et 4 heures.

44° Conduite envers les autres passagers. — Il faut leur montrer de la bienveillance et tâcher d'attirer leur estime et leur sympathie, mais éviter toute intimité et ne pas les introduire dans le logement de la société. — Agir de même avec les matelots, les officiers et le capitaine. Il faut tout faire pour être en bons rapports avec eux, mais aussi éviter toute liaison; l'essentiel, pour chaque partant, doit être d'abord l'intimité et la fraternité envers ses frères Icariens.

Si l'on a quelques discussion, quelque contrariété, il faut avoir le courage de tout sacrifier à l'intérêt de la Communauté. — Il ne faut pas oublier que le mal de mer change beaucoup les voyageurs et les dispose à de la mauvaise humeur.

45° Précautions essentielles. — En entrant dans le golfe du Mexique, il faut tâcher d'obtenir du gardien de la cale ou du capitaine qu'il laisse retirer de la cale tout ce qui s'y trouve, et le placer dans l'entrepont, de manière que les agens de la douane, qui se présentent quelquefois dès l'entrée dans le Mississipi, puissent tout visiter sans qu'on soit obligé d'attendre ou d'aller à la Douane. Cette précaution est de la dernière importance, faute de la prendre, on peut être retenu plusieurs jours à la Nouvelle-Orléans, ce qui occasionne des frais et des inconvéniens énormes.

Il ne faut point emporter de marchandises neuves pour être vendues, parce que cela cause trop d'embarras. — Si par hasard on en emporte, il faut les déclarer à la Douane, et préparer la somme nécessaire pour payer les droits, autrement on s'exposerait à être découvert, saisi, condamné à l'amende, retardé, entravé, en compromettant toute la Société, et en l'exposant à de très grands inconvéniens.

S'il y a des objets destinés à la consommation de la Société à Nauvoo, il ne faut pas les mettre ensemble dans une même caisse, parce que la Douane pourrait prétendre qu'ils sont destinés au commerce et qu'ils doivent payer le droit. Il faut les disséminer dans les malles de ceux qui doivent certainement venir à Nauvoo, en prenant la note de ce que chacun a.

En arrivant à la Nouvelle-Orléans, il y a un droit de 7 fr. 50 c. par personne à payer à l'hospice ; mais cette somme doit être payée par le capitaine sur le prix qu'il a reçu pour le passage ; les passagers n'ont rien à payer ni pour cela ni pour autre chose.

Les Icariens feront bien de ne pas quitter le navire. Tous les voyageurs ont le droit d'y coucher trois nuits. Mais le Directeur du départ ira de suite chez le correspondant.

45° Voyage sur le Mississipi. — Il faut bien faire les conventions avec le capitaine à la Nouvelle-Orléans, pour le prix des places à l'entrepont, pour le prix des bagages. Il faut tâcher de traiter pour les bagages en masse, sans les peser, pour une somme totale de ..... S'il ne veut pas, il faut faire peser lors de l'embarquement, pour que le pesage ne retarde pas ensuite et ne fasse pas de difficultés.

Il faut obtenir, surtout, que le bateau vienne se placer à

côté du navire , pour que le bagage puisse être *transbordé*, c'est-à-dire transporté directement du navire sur le bateau, sans être d'abord débarqué sur terre , afin d'éviter beaucoup de frais.

Si l'on manque de vivres, on peut prendre à la Nouvelle-Orléans ceux dont on a besoin , surtout du pain frais et de la viande fraîche , en conservant d'ailleurs tout ce qui reste.

Il en sera de même à *Saint-Louis*, où l'on prendra un nouveau bateau pour Nauvoo. On s'adressera au correspondant.

Il ne faut pas manquer d'écrire à Nauvoo et à Paris , tout en arrivant à la Nouvelle-Orléans et à Saint-Louis. Le Directeur du départ devra aussi aller à la poste restante dans ces deux villes , pour prendre les lettres qui pourraient lui avoir été adressées.

Les vols sont très fréquens sur les navires et sur les bateaux, prenez bien garde, nommez une commission pour surveiller les bagages.

Nous le répétons en terminant , tout ce qui précède n'est que *conseils*.

Aussitôt que la Communauté le pourra , elle organisera des départs officiels; elle aura *des navires* , ou traitera pour envoyer des navires qui ne prendront pas d'autres passagers que les siens. Elle enverra même *ses agens* , qui parleront l'anglais et qui auront l'expérience des voyages , pour tout diriger sous leur responsabilité ; mais aujourd'hui elle ne peut que donner des conseils suggérés par la pratique et l'expérience.

Le président d'Icarie,

CABET.

RAPPORT DE LA GÉRANCE

A

L'ASSEMBLÉE GÉNÉRALE

Sur la Colonie Icarienne.

La Constitution Icarienne oblige la Gérance à faire un rapport à l'Assemblée générale, tous les six mois, pour lui rendre compte de ce qui s'est fait pour les six mois précédens. Voici le rapport que la Gérance vient de faire pour les six premiers mois de l'année 1852, depuis le 1er janvier jusqu'au 1er juillet.

PERSONNEL. — Dans ces six mois sont entrés : — 29 hommes, 17 femmes, 14 enfants, en tout 60 ; — sont nés, 4 enfants ; — sont sortis, 2, l'homme et sa femme : — sont décédés, 2, un homme et une femme.

Au 1er juillet, il y avait dans la Communauté 365 membres (176 hommes, dont 7 de 15 à 20 ans, 101 femmes, et 88 enfants, dont 45 petits garçons et 43 petites filles.)

Plusieurs ont été refusés faute d'apports.

De Paris, on annonce une centaine de nouveaux émigrans pour l'automne.

AGRICULTURE, NOURRITURE. — La colonie a 3 fermes louées, l'une de 30 acres, l'autre de 200 et la troisième de 225. — Elle a 8 charrues, 11 chevaux et 8 paires de bœufs.

Elle a cultivé : — en blé, 150 acres, qui ont donné plus de 1,500 boisseaux de très beau blé, qui a été coupé et battu avec 2 machines ; — en maïs, 240 acres, qui donneront probablement plus de 8,000 boisseaux, car les Américains s'accordent à dire que nos récoltes seront les plus belles de la contrée ; — en pommes de terre, 30 acres, qui ne paraissent pas avoir la maladie et qui donneront plus de 1,500 boisseaux ; — en patates 2 acres, qui donneront 200 boisseaux. — 24 hommes ont été employés soit dans les fermes, pour la culture, soit dans la prairie libre pour y faire notre provision de foin. — Notre machine à faucher le foin n'a pas réussi : néanmoins, nous avons une belle et bonne récolte en fourrage.

Jardinage. — Nous avons 25 acres en gros légumes, pois, haricots, choux (20,000 têtes) , etc., etc., et 12 acres en 5 jardins, avec 8 jardiniers pour les autres légumes (salades, radis, oseille, épinards, carottes, oignons, etc., etc.) qui ont alimenté notre cuisine.

Nos 12 vaches laitières nous ont donné assez de lait pour le déjeûner des femmes et même pour toute la Communauté.

Nos essais pour la culture du tabac, de la garance, du chardon à carder, etc., ont bien réussi. Quelques-uns de nos jeunes plants de vigne donneront du raisin. Nos jeunes arbres, pêchers et pommiers, son très beaux ; mais ils ne nous donneront pas encore de fruits cette année.

La viande a beaucoup renchéri à cause de l'émigration en Californie et dans l'Orégon : cependant nous en avons mangé au moins une fois par jour.

Nous avons eu du riz : nous allons fabriquer nous-mêmes quelques pâtes d'Italie.

La pêche a été peu productive cette année ; mais nous préparons nos filets pour l'Automne.

La chasse a fourni quelque gibier à nos travailleurs dans l'île ou dans les fermes et aux malades.

Industrie, Travaux. — Pendant les mois de janvier, février et mars, l'atelier des bûcherons, composé d'une trentaine d'hommes, n'a pas quitté l'île, où il s'était construit une grande cabane. — Il a fait 640 cordes de bois, qui ont été apportées, 100 cordes qui sont restées sur place, 300 pièces de bois de travail qui ont été amenées à la scierie : des perches pour les maçons et des rames pour les jardiniers.

Nos deux grands flat-boats, servis par 7 mariniers, ont amené notre bois sur le Mississipi, malgré l'hiver et les grandes eaux.

Scierie. — Elle a manqué de bois quelque temps. Cependant elle a marché assez régulièrement. Elle a scié pour les Américains et pour les besoins de la Communauté.

Moulin, Distillerie. — La rareté du blé et du maïs, cette année, la glace, l'inondation, puis la sécheresse et les basses eaux ont entravé le travail du *moulin* et de la *distillerie.* Cependant le moulin nous a fourni toutes nos provisions et a expédié assez régulièrement du whiskey à Saint-Louis, en vendant sa farine dans la contrée. Il a maintenant du blé et du maïs pour travailler sans interruption.

L'atelier des *tonneliers* a fourni au moulin ses barils pour la farine, à la distillerie ses barils pour le whiskey, et à la Communauté, des sceaux, des baquets, etc.

Porcherie. — L'ancienne porcherie ayant été détruite par l'inondation, nos maçons et nos charpentiers en ont fait une nouvelle, qui contient 150 porcs qui vont se trouver engraissés à la fin de l'automne avec les résidus de la distillerie, et 150 tant truies que petits porcs pour l'année prochaine.

Tannerie. — Elle n'est pas encore bien développée. L'inondation a dérangé nos cuves. Cependant nos tanneurs ont livré à nos cordonniers, bottiers et bourreliers 51 peaux de bœufs et de vaches, et 14 peaux de veaux.

Tissage. — Il n'est pas encore bien développé. Cependant nous avons fabriqué et teint quelques étoffes pour nos travailleurs.

'BUANDERIE, LAVOIR. — La Communauté désirant particulièrement faciliter les opérations du lavage du linge, la Gérance a préparé, sur le bord du fleuve, près du moulin et de la machine à vapeur, un établissement qui comprendra la buanderie, le lavage au moyen d'une machine et un séchoir.

Ameublement. — Les menuisiers ont fait 90 tables de ménage, 36 lits, 20 chaises et tous les petits objets nécessaires.

Construction. — Nos *maçons* ont commencé, au printemps, un grand bâtiment en pierres de taille pour nos *écoles.* Nos *charpentiers* en préparent la charpente, et nos *menuisiers*, les croisées. Il sera probablement terminé et habitable avant l'hiver. Nos ouvriers ont fait une *grue* pour monter les pierres et une machine à manége pour *faire le mortier.*

Nous avons déjà fait de la *chaux* au printemps. Nous allons encore en faire incessamment.

Autres travaux divers. — Nos ouvriers (mécaniciens, forgerons, charrons, menuisiers) ont fait : — une machine à battre le blé ; — plusieurs wagons à essieu en fer, dont un est terminé et trois préparéspour le premier départ ; — une vaste écurie pour une trentaine de bœufs ; — une petite maison en bois pour modèle ; — un large *puits*, qui nous est bien utile ; — une barque, à ajouter aux 7 que nous avions déjà.

Nos *tailleurs, cordonniers* et *sabotiers* ont fabriqué, ont raccommodé les vêtements et les chaussures de la Communauté.

Les ateliers de *femmes* ont fait ou réparé les vêtements, blanchi et entretenu le linge de la Société.

MAGASIN DE SAINT-LOUIS. — Ce magasin nous a été très utile dans le commencement, surtout pour notre correspondance et nos commissions à Saint-Louis : mais il entraînait des frais considérables, et nous l'avons supprimé en le remplaçant par deux correspondans, et en employant les marchandises qui lui restaient pour les besoins de la Communauté.

ÉCOLES. — L'éducation des enfans de la Communauté est loin d'être ce qu'elle sera un jour. Une première difficulté, c'est le local qui est beaucoup trop étroit ; une seconde difficulté, c'est la grande différence dans l'âge et l'instruction de nos enfans quand ils arrivent ; une troisième, c'est le petit nombre des personnes qui, dans la colonie, peuvent se consacrer à l'instruction. Aussi la Communauté ne désire pas avoir dans ses écoles des enfans étrangers, et s'est trouvée dans la nécestité d'en refuser plusieurs, tandis qu'elle en admettra volontiers un grand nombre quand elle sera mieux organisée. Cependant nos enfans dans les deux écoles ont fait des progrès sensibles dans la lecture, l'écriture, la géographie, l'histoire, l'arithmétique, le dessin et la musique.

MUSIQUE, THÉATRE. — Notre musique instrumentale s'est développée ; nous avons maintenant 22 musiciens. Nos enfans ont fait des progrès dans la musique vocale. Nos acteurs ont surmonté toutes sortes de difficultés pour parvenir à jouer une tragédie républicaine et populaire.

Santé. — Le climat de Nauvoo, et particulièrement le plateau qu'habite la Communauté, est certainement l'un des plus salubres de l'Amérique. Aussi pendant l'année 1851 et les six premiers mois de 1852, la santé de la colonie a été excellente, quoique le choléra ait fait des ravages sur tous les bords du Mississipi.

Le présent rapport n'étant nécessaire que jusqu'au 1er juillet, la Gérance pourrait ne pas parler des pertes éprouvées par la Communauté en juillet et en août ; mais ces pertes sont trop douloureuses, et nous en sommes tous trop préoccupés pour qu'il soit possible de n'en pas dire quelques mots.

La Gérance n'a rien négligé pour préserver la santé, parti-

culièrement par toutes les précautions hygiéniques possibles,
en consultant les deux médecins de la Communauté (l'un
Allemand, l'autre Américain) qui vivent avec elle et comme
elle, en consultant même la Communauté tout entière et en
lui donnant tous les avertissemens nécessaires. Elle a fait sus-
pendre le travail pendant la grande chaleur du jour ; elle a fait
ouvrir des courants d'air dans les logemens ; elle s'est assurée
que la nourriture était la plus saine et la plus convenable ; elle
a souvent rappelé la nécessité de s'arrêter, de se soigner et
d'éviter les indigestions dès qu'on sent les premiers symptômes
de la maladie ou d'un dérangement un peu grave. Quand le
fléau du choléra s'est manifesté, les deux médecins ont rivalisé
de zèle, et les membres de la Communauté les plus expéri-
mentés ont soigné les malades avec un dévoûment que la fraternité et l'amour de l'humanité peuvent seuls inspirer.

Malgré tous nos efforts, le choléra nous a enlevé 22
personnes, dont 6 hommes (un membre de la Gérance), 10
femmes et 6 enfants. Pour beaucoup d'entre eux, la mort a
été déterminée par des circonstances étrangères, par des maladies anciennes, par l'âge, par des fatigues particulières aux
femmes enceintes ou nourrices, par des maladies particulières
aux petits enfans, par trop d'ardeur ou par des imprudences
de la part de quelques travailleurs.

Les malheurs des autres ne peuvent sans doute nous conso-
ler des nôtres ; nous sommes, d'ailleurs, des soldats de l'Humanité, à l'avant-garde pour les périls de toute espèce, et
nous avons pris l'engagement d'avoir un courage égal à toutes
les adversités : mais nous ne devons pas oublier que le choléra
et beaucoup d'autres fléaux pires que le choléra désolent partout le pauvre genre humain, et que, du moins, chez nous la
Communauté adopte les orphelins et les veuves !

Finances. — La Gérance ne peut présenter notre situation
financière qu'à la fin de chaque année ; parce que ce n'est
qu'à cette époque que nos *inventaires* peuvent être faits, —

Nos livres de comptabilité sont tenus *régulièrement*, et la commission financière peut toujours en prendre connaissance et vous soumettre ses observations.

Au 1er janvier dernier, notre actif était de. .   207,010 fr.

—   —   —   notre passif.   20,010

—   —   —   notre actif net de. .   186,900 fr.

Au 1er juillet, notre passif était 5,017 dollars ou 25,085 francs ; mais notre actif a beaucoup augmenté par la valeur de nos constructions nouvelles, par les machines que nous avons achetées et payées ; par celles que nous avons fabriquées nous-mêmes, par les provisions du moulin que nous avons achetées et payées, et par la valeur de nos propres récoltes ; en sorte que nous pouvons évaluer notre actif net à plus de 200,000 francs.

UNIFORME, TROUSSEAUX. — La colonie désire l'égalité des trousseaux et l'uniforme dans le vêtement, pour les hommes, les femmes et les enfans ; mais cette mesure fraternelle et égalitaire a été forcément ajournée, comme trop dispendieuse, à l'approche de notre transport dans le désert.

NATURALISATION. — Les décisions les plus importantes prises par la Gérance, pendant les six premiers mois de 1852, sont celles relatives à la *Naturalisation* et à l'envoi d'une *Commission* d'exploration. — La Colonie a été unanime pour demander sa naturalisation et a signé sa demande immédiatement après le retour de son Président.

Désirant vivement se transporter dans le désert, pour y établir plus facilement une ville Icarienne, la Communauté a décidé l'envoi d'une Commission pour explorer deux localités différentes. Cette commission, qui vient de revenir, indique une place qui lui paraît convenable, et la Communauté va décider bientôt : 1° le choix de la place ; 2° l'époque du départ, avant l'hiver ou au printemps.

Après le départ de son président pour la France, tous les membres de la Communauté ont redoub'é d'efforts pour maintenir, pendant son absence, l'union fraternelle et l'harmonie Icarienne, pour prouver la force de notre doctrine. Depuis son retour à la colonie ils redoublent encore d'efforts, de dévoûment pour assurer le triomphe de la Communauté.

Nauvoo, 7 août 1852.

CABET,

Président de la Communauté Icarienne.

ANNEXES.

DATE DU DÉCÈS.	NOMS ET PRÉNOMS	LIEU DE NAISSANCE.	AGE.
Hommes.			
8 juillet 1852	*Lahanier*, Camille-Joseph..	Choisy-le-Roi (Seine).	49
9 » »	*Fugier*, François.........	Lyon.............	34
31 » »	*Henry*, François.........	Nantes (Loire-Infér.)..	21
1er août 1852	*Ballofet*, Jean-Marie	Grigny (Rhône)......	35
9 » »	*Savariau*, Stanislas-Pierre.	Niort (Deux-Sèvres)..	32
16 » »	*Garin*, André...........	Lyon	69
Femmes.			
17 juillet 1852	fme *Brierre*, née Dupuy, Appoline.	Pithivier (Loiret).....	23
19 » »	» *Witzig* jeune, née Brierre, Léontine...........	Esserennes (id.)	27
31 » »	» *Roy*, née Delorme, Marie	Saint-Amand........	23
31 » »	» *Mesnier*, née Bourdon, Cécile.............	Vincennes...........	49
31 » »	» *Marchand*, née Martin, Laurence	Vitry-sur-Seine.	25
1er août 1852	ve *Guillié*, Sophie-Anne....	Paris..............	62
1er » »	fme *Delage*, née Crépin, Rosalie	Cœuvres............	32
2 » »	» *Blondeau*, née Simonneau, Louise...........	Tours.............	31
2 » »	» *Trouslot*, née Errien, Marie...............	Loroux-Bottereau (L.-Inférieure)........	30
11 » »	» *Tessa*, née Deperraz, Josephte................	Annemasse (Savoie)...	44
Enfants.			
28 juillet 1852	*Lefebvre*, Gustave	Nauvoo (Illinois).....	6 mois.
29 » »	*Brimur*, Valmor.........	Pithivier (Loiret).....	18 »
1er » »	*Blondeau*, Eugène......	Nauvoo.............	2 ans.
1er » »	*Marchand*, Hélène...	»	1 an.
6 » »	*Juppier*, Anna	»	2 ans 1/2.
14 » »	*Delorme*, Louise-Élisabeth..	Saint-Amand........	2 ans.

Cabet aux Icariens en France.

Nauvoo, 16 août 1852.

CHERS FRÈRES,

Je vous ai écrit de Londres, le 18 juin, que je partais pour l'Amérique.

En arrivant à Liverpool, j'appris que le choléra ravageait les bords du Mississipi : mais loin de m'arrêter, cette nouvelle ne fit qu'augmenter mon impatience de venir secourir nos Frères de Nauvoo et partager leur sort. J'arrivai le 23 juillet, extrêmement fatigué et presque malade. — Toute la Colonie vint au-devant de moi avec sa musique, et notre réunion fut un moment de bonheur pour nous tous ; et ce bonheur fut augmenté pour moi, quand j'eus la confirmation que l'Union et la Fraternité n'avaient pas cessé de régner dans la Colonie, jointes à la persévérance et au courage. — Mais ma satisfaction fut bientôt empoisonnée quand j'appris aussi que le choléra venait de nous enlever, quelques jours avant mon arrivée, deux de nos frères, deux de nos sœurs et deux de nos petits enfans. — Nous espérions l'éloignement du fléau ; mais, quelques jours après, il revint nous soumettre tous, et moi particulièrement, à une nouvelle et cruelle épreuve.

La pluie qui arrive enfin après une longue sécheresse et

qui fait tomber la chaleur, nous a ramené la sécurité. Du reste, les membres de la Communauté ont du courage, et n'oublient pas leur mission comme soldats de l'Humanité. D'ailleurs, en quels lieux l'Humanité est-elle à l'abri du choléra et de tant d'autres fléaux ?

Le rapport ci-dessus, fait au nom de la Gérance à l'Assemblée, contient presque tous les détails qui peuvent vous intéresser.

Nous venons de faire nos élections semestrielles pour la moitié de la Gérance : les trois membres sortans, Blaise, Busque et Montaldo ont été réélus, pour composer la Gérance avec Cabet, Prudent et Savariau. — Ce dernier, enlevé quelques jours après par le choléra (probablement par suite de son trop d'ardeur à remplir sa pénible fonction de directeur de l'industrie et de l'agriculture), vient d'être remplacé par Caudron.

Notre grande affaire est maintenant l'examen et la discussion d'une question capitale, celle de savoir dans quelle partie du désert et à quelle époque nous irons définitivement fonder la Communauté. — La Commission envoyée dans le Texas est d'avis qu'il fallait y rester quand les deux premières avant-gardes y sont allées en 1848, mais qu'aujourd'hui, quand 4 à 500 mille émigrans ont pris les meilleures positions qui nous convenaient le mieux, il ne fallait pas y retourner. Elle a d'ailleurs remonté la Rivière Rouge jusqu'à plus de 300 milles au-dessus de Shereport, et elle a constaté qu'elle est navigable comme je le croyais, et comme je l'avais annoncé. Les malheureux dénonciateurs qui alléguaient le contraire, trompaient donc la justice ; et la condamnation par défaut prononcée contre moi était la plus monstrueuse des erreurs !

. Il est probable que nous choisirons une place peu éloignée de Nauvoo , vers l'ouest , et que nous allons y envoyer une première avant-garde d'une dixaine d'hommes , qui feront les préparatifs nécessaires pour une autre expédition au printemps.

Nous construirons une petite ville ; nous aurons de nombreux troupeaux , de grandes cultures , de vastes vergers , etc., etc. ; en un mot , nons allons fonder la Communauté !

. Nous ne désirons pas qu'il nous vienne beaucoup de monde cet automne , parce que nous pourrions manquer de logemens. Surtout qu'il ne vienne que des individus jeunes , robustes , ayant des professions utiles , avec l'apport et le trousseau. Surtout encore, qu'on ne parte pas après le 15 ou le 20 septembre.

CABET.

TABLE DES MATIÈRES.

Paris. — Typ. FÉLIX MALTESTE et Cie, rue des Deux-Portes-St-Sauveur, 22.